PATRONS
ET EMPLOYÉS

PAR

JULES CLOZEL

AVOCAT A LA COUR D'APPEL DE LYON

LYON

IMPRIMERIE DU SALUT PUBLIC

71, Rue Molière, 71

1897

PATRONS
ET EMPLOYÉS

PAR

JULES CLOZEL

AVOCAT A LA COUR D'APPEL DE LYON

LYON

IMPRIMERIE DU SALUT PUBLIC

71, Rue Molière, 71

1897

Supplément au *Bulletin trimestriel* (n° 59)
DE
L'ASSOCIATION DES ANCIENS ÉLÈVES
DE L'ECOLE SUPERIEURE DE COMMERCE ET DE TISSAGE DE LYON

DE LA RUPTURE DES CONTRATS DE LOUAGE D'OUVRAGE ENTRE PATRONS ET EMPLOYÉS

(Conséquences de la loi du 27 décembre 1890)

Le Code civil distingue deux espèces de contrat de louage : le louage des choses et le louage d'ouvrage. Art. 1708, C. c.

Le louage des choses est un contrat par lequel une des parties s'oblige à faire jouir l'autre d'une chose pendant un certain temps, et moyennant un prix qu'elle s'engage à lui payer. Art. 1709, C. c.

Le louage d'ouvrage est un contrat par lequel l'une des parties, s'engage à faire quelque chose pour l'autre, moyennant un prix que celle-ci s'engage à payer. Art. 1710, C. c.

Le Code indique trois espèces principales de louage d'ouvrage et d'industrie, et la plus importante, est sans contredit le louage des gens de travail qui s'engagent au service de quelqu'un : par gens de travail il faut comprendre les domestiques, employés, garçons, etc., etc.

Dans quelles conditions peuvent cesser les rapports qui ont existé entre l'employeur et l'employé? C'est là la question remise en vedette par la loi de 1890, et par quelques récents procès à laquelle répondra cette très courte étude, en étudiant succinctement :

1° Les règles générales de la rupture des contrats de louage ;

2° Les modifications apportées à ces règles par la loi du 27 décembre 1890.

I

De la rupture du contrat de louage sous l'empire du Code civil.

La plus importante des trois espèces de contrat de louage d'ouvrage et d'industrie citées par le Code, est certainement le louage d'ouvrage des gens de travail et cependant, singulière aventure, le Code qui a consacré de longs articles au louage des choses, qui consacrera deux sections aux deux autres espèces de louage d'ouvrage, ne traite le louage des gens de travail que dans un seul article. Art. 1780, C. c. « On ne peut engager ses services qu'à temps et pour une entreprise déterminée. »

Et c'est tout... Le législateur résout une espèce assez exceptionnelle, pose un article dont l'application sera rare, et passe... Quant aux événements qui peuvent se produire au courant du contrat de louage ou y mettre un terme, le Code n'en dit mot, et les jurisprudents ont dû, sur ce point, suppléer par des règles au silence du Code civil.

Ils ont divisé le contrat de louage de services en deux catégories : le contrat ayant une durée déterminée dès son origine et le contrat à durée indéterminée à sa naissance.

A) Lorsque la durée du contrat est déterminée, soit par la convention, soit par la nature des travaux, soit par l'usage des lieux, le maître et l'employé ne peuvent se séparer avant l'expiration du terme fixé. Si, avant l'expiration de ce terme, et sans motif légitime, le maître renvoie l'employé, l'employé quitte le maître, l'auteur de la rupture doit à l'autre partie des dommages et intérêts à fixer par les tribunaux.

A l'expiration du terme, le louage finit de plein droit et sans congé. Si les parties continuent leurs rapports, le contrat se continue par tacite réconduction.

Ces règles sont intactes et n'ont pas été modifiées.

B) Si le contrat n'a pas de durée déterminée à son origine, chacune des parties peut se retirer quand bon lui semblera, en donnant congé dans le délai fixé par l'usage et sans indemnité.

Chacune des parties peut rompre instantanément le contrat, mais si cette rupture a lieu sans motifs légitimes, celle qui en est l'auteur doit indemniser l'autre du préjudice que cette rupture lui fait éprouver, par l'allocation d'une somme fixée par l'usage et représentative de huitaine, d'un mois ou de trois mois de loyer, suivant les cas.

Ces règles ont été modifiées partiellement par la loi de 1890.

Ainsi donc les juriconsultes avaient suppléé au silence du Code sur ce contrat : ils avaient appliqué les règles du louage des choses, qui étaient applicables, combiné ces règles avec les règles de droit commun et avaient créé un règlement simple et d'une application facile qu'appliquait une jurisprudence constante.

En résumé donc, en considérant d'une façon générale le contrat de louage, si la résolution du contrat est contraire soit aux conditions expresses ou tacites de l'engagement, soit à l'usage, des dommages et intérêts sont dus par l'auteur de la rupture.

En dehors de ces hypothèses, la Cour de cassation et certaines cours étaient généralement d'accord pour admettre que toute résiliation du contrat faite « à contre-temps » **trop** brusquement, « peut, en dehors de tout usage », d'après les circonstances, la nature de services engagés, les habitudes professionnelles des contractants, les conditions nécessaires à leur industrie, « motiver une condamnation à des dommages et intérêts ». (Cass. civ. rej. 8 février 1859.) Certains arrêts, précisant cette doctrine, accordaient des dommages et intérêts contre l'auteur de cette résiliation dans le cas où cette résiliation avait eu lieu « sans motif légitime », c'est-à-dire sans que l'autre partie eut positivement démérité. (Nombreux arrêts en ce sens.)

Pour autoriser ainsi l'employé ou l'ouvrier congédié, même au cas où la convention ou l'usage avaient été respectés par l'auteur de la rupture, à discuter les motifs de son renvoi, les arrêts précités se fondaient pour la plupart sur l'art. 1135 du C. c., aux termes duquel les conventions obligent à toutes les suites que comportent, non seulement l'usage et la loi, mais encore l'équité; or l'équité, en pareille matière, exige qu'un employé ou ouvrier ne soit pas brusquement congédié, alors que rien dans son travail ou sa conduite ne justifie une pareille mesure.

Or, en 1871, une Compagnie de chemins de fer renvoya un de ses employés, en respectant les délais d'usage, sans indiquer d'autres motifs de renvoi que l'exercice de son droit. Le tribunal de commerce de Chambéry accorda des dommages et intérêts à cet employé pour renvoi « sans motif légitime », mais la Cour de cassation dans un arrêt du 5 avril 1872 (D. P. 73. I. 63) cassa ce jugement en opposant le grand principe de droit que — nul *n'est en faute* qui use de son droit — et qu'il est de principe que le louage de service sans détermination de durée, peut toujours cesser par la volonté de l'un des contractants, à la condition d'observer les délais congés commandés par l'usage.

Depuis cette date, la Cour de cassation a persévéré dans cette jurisprudence. (Dalloz, supplément. V. Louage d'ouvrage et d'industrie, 41.)

Ainsi donc en 1890, la situation est bien nette : le contrat de louage commence sans détermination de durée, le patron et l'employé prennent contact; si le patron désire s'attacher son employé par un contrat de durée, il le lui propose, si l'employé se sent nécessaire, il demande ce contrat de durée : si ni l'employeur ni l'employé ne prennent cette initiative, c'est que leur volonté apparente est de conserver chacun leur liberté, avec ses avantages et ses inconvénients, notamment la possibilité d'une séparation dans les délais relativement courts des congés usuels.

La Cour de cassation, après une hésitation, était revenue aux sain principe du respect de la liberté des conventions : les règles de ce contrat de louage étaient, je le répète, simples, équitables, juridiques; les droits des parties étaient respectivement connus, et seul le plaideur ignorant ou de mauvaise foi pouvait aborder, sans succès, d'ailleurs, la barre du tribunal.

II

De la rupture du contrat de louage de services, d'après la loi du 27 décembre 1890.

Disons-le, tout d'abord : cette loi n'a pas touché aux règles sus-énoncées pour les contrats de louage de durée *déterminée*.

1° Avant de lire le texte de cette loi, et pour bien en étudier et en comprendre la portée, il est indispensable de connaître les incidents qui lui ont donné naissance : heureux, dit-on, les peuples qui n'ont pas d'histoire ; je crois, pour ma part, qu'on pourrait en dire autant des lois.

« Avant de rechercher (dit Dalloz dans le supplément de son répertoire alphabétique, au mot Louage d'ouvrage et d'industrie, n° 42) si, et dans quelle mesure, la loi du 27 décembre 1890 a pu modifier cette jurisprudence (qui n'accorde à l'employé renvoyé droit aux dommages, qu'à charge par lui de prouver *la faute* du maître), il importe d'observer que dans les contrats intervenus entre certaines compagnies, notamment les compagnies de chemins de fer et leurs employés ou ouvriers, la question que l'on vient d'examiner se compliquait d'un élément nouveau. Il existe, en effet, la plupart du temps, dans ces compagnies, au profit des employés ou ouvriers, une caisse de retraite, alimentée au moyen de retenues exercées sur les appointements et salaires de ces derniers. Dès lors se posait la question de savoir si, en cas de congé donné par les compagnies à un de leurs employés avant l'époque où s'ouvrait pour celui-ci le droit à la retraite, les retenues opérées sur ses appointements restaient acquises à la compagnie ou devaient, au contraire, être restituées à l'employé congédié. En fait, le règlement des compagnies contient toujours, à cet égard, une clause portant que les retenues faites sur les appointements sont acquises à la caisse des retraites du jour où elles ont été opérées et ne sont sujettes à aucune répétition de la part de l'employé, sans aucune distinction entre les causes de révocation. Une telle clause est-elle licite et obligatoire pour les employés de la compagnie? D'après les principes posés ci-dessus, on ne saurait répondre qu'affirmativement. Néanmoins, antérieurement à la loi nouvelle, un grand nombre de tribunaux et de cours d'appel, se fondant principalement sur cette idée d'équité, qu'il ne saurait être facultatif pour une compagnie d'encaisser pendant plusieurs années des retenues destinées à la pension de retraite d'un employé et de les conserver après l'avoir renvoyé brusquement et sans motifs, n'hésitaient pas, au mépris de la clause en question, à condamner, dans les hypothèses de ce genre, la compagnie, soit à restituer le montant des retenues opérées, soit à payer une certaine somme à titre de dommages et intérêts à l'employé congédié. Mais ces arrêts, sur le pourvoi des compagnies, ont été cassés régulièrement par la Cour suprême, pour violation formelle de l'article 1134 du Code civil (qui dit que les conventions légalement formées tiennent lieu de loi à ceux qui les ont faites). Cass., 5 août 1873, 28 avril 1874, 4 août 1879, 11 janvier 1887. »

Ces solutions étaient évidemment rigoureuses, mais juridiques : elles préoccupèrent un certain nombre de nos législateurs qui, en 1874, 1878, 1882, déposèrent des projets de loi tendant à modifier cette situation des employés de chemins de fer.

Ces projets de loi subirent des transformations successives, dont on retrouvera l'historique dans le répertoire périodique de Dalloz, 1891, IVe partie, p. 33.

Et cette loi préparée pour les employés de chemins de fer a, dans son premier article, modifié profondément et partiellement l'article 1780 du Code civil en appliquant à tous les contrats de louage à durée indéterminée, sans exception, une disposition qui n'avait d'abord en vue que les dits contrats des employés de chemins de fer.

Habent sua fata... Les premiers législateurs négligent le contrat de louage d'ouvrage... Les seconds législateurs, qui retouchent l'œuvre première, le font par hasard et par ricochet...

2° La loi du 27 décembre 1890 est ainsi conçue :

Art. 1780, Code civil : « On ne peut engager ses services qu'à temps ou pour une entreprise déterminée. » (Complété par la loi du 27 décembre 1890). Loi sur le contrat de louage et sur les rapports des agents des chemins de fer avec les compagnies.

Art. 1er. « L'art. 1780 du Code civil est complété comme il suit : Le louage de services, fait sans détermination de durée, peut toujours cesser par la volonté de l'une des parties contractantes. Néanmoins, la résiliation du contrat par la volonté d'un seul des contractants peut donner lieu à des dommages et intérêts. Pour la fixation de l'indemnité à allouer, le cas échéant, il est tenu compte des usages, de la nature des services engagés, du temps écoulé, des retenues opérées et des versements effectués en vue d'une pension de retraite et en général de toutes les circonstances qui peuvent justifier l'existence et déterminer l'étendue du préjudice causé.

« Les parties ne peuvent renoncer à l'avance au droit éventuel de demander des dommages et intérêts en vertu des dispositions ci-dessus. Les contestations auxquelles, etc., etc. »

Le reste de la loi est sans intérêt dans la question à l'étude.

3° Quelle est la portée de la loi ?

I. — Que le louage de services fait sans détermination de durée puisse toujours cesser par la volonté de l'une des parties contractantes, c'est une dérogation au droit commun d'après lequel les contrats ne peuvent être résiliés que d'un consentement mutuel; mais cette dérogation était admise par tous, sans aucune contestation, par conséquent, sur ce point, la loi n a fait aucune modification au droit établi.

II. — Que la résiliation du contrat puisse donner lieu à des dommages et intérêts, quand elle a lieu par la volonté d'un seul des contractants, cela était aussi admis, mais dans quelle mesure ?

D'après la jurisprudence citée plus haut, l'exercice du droit de renvoi, accompagné du respect des délais de congé, ne pouvait être une base suffisante à une allocation de dommages et intérêts.

Mais l'*abus de ce droit* pouvait être une base de ces mêmes dommages.

La nouvelle loi a-t-elle accepté cette jurisprudence, ou au contraire a-t-elle décidé que le fait lui-même du renvoi, *sans motifs* était un abus du droit, *ipso facto ?*

La nouvelle loi a adopté la jurisprudence de la Cour de cassation.

D'où découle cette affirmation ?

Le texte de la loi est muet. Les travaux préparatoires sont obscurs sur ce point, d'une capitale importance, car, suivant l'opinion choisie dériveront des décisions contradictoires.

A) Examinons la première opinion, que je formule ainsi : d'après le nouvel article 1780, l'employé renvoyé sans autre motif que la volonté du patron, *lequel aura d'ailleurs respecté les délais de congé d'usage,* pourra demander des dommages et intérêts, mais à condition de prouver contre le patron un abus du droit de renvoi.

C'était l'interprétation donnée par M. Loreau, rapporteur de la loi de 1890, et bien placé par conséquent pour indiquer le sens que les rédacteurs de la loi entendaient donner à ses termes : « Il faut absolument, disait-il, qu'il soit établi par la partie plaignante qu'il y a eu abus : ce n'est que dans le cas net et précis, où il y aurait eu abus, jugé par le tribunal, qu'il pourrait y avoir lieu à des dommages et intérêts. (Dalloz, R. P. 4e partie, p. 36, col. 2.)

C'est là l'interprétation donnée à la loi par l'avocat général, M. Rau, devant la Cour de cassation et dans une affaire où la Cour a fait droit à ses conclusions. (Arrêt du 20 mars 1895, qui sera cité *infra.*)

« Pour ma part, dit-il, je n'hésite pas à me prononcer dans le sens de la dernière doctrine (celle que je viens de formuler) qui me paraît seule conforme aux principes du droit et à la pensée de la loi nouvelle. (Dalloz, p. 95, I. 250.)

« L'article premier de la loi de 1890 proclame que la faculté de résiliation existe dans tout contrat de louage de services fait sans détermination de durée. Il s'agit donc d'un droit reconnu expressément par le législateur au profit de chacune des parties. Or, l'exercice d'un droit ne peut engager la responsabilité de celui qui en use normalement. Pour réussir, dans une demande de dommages et intérêts, l'autre contractant sera tenu d'établir que le droit a été dépassé, qu'il en a été fait par son adversaire un emploi *abusif* constituant, comme nous le disions, une faute *particulière.* Soit, dira-t-on. Seulement s'il en est ainsi, la loi nouvelle est sans utilité aucune. Je ne saurais le croire. Tout d'abord elle a entendu que les tribunaux se montrassent plus larges dans l'appréciation des faits à considérer comme constitutifs de la faute. Elle a en outre augmenté le nombre des éléments dont il faut tenir compte, une fois la faute établie, pour fixer le montant de l'indemnité. Elle a enfin déclaré illicite la renonciation anticipée à une demande de dommages et intérêts.

« Voilà, certes, des résultats importants qui démontrent l'utilité de l'addition faite en 1890 au Code civil.

« En quoi consistera la faute « spéciale » dérivant de la loi nouvelle ? Sur ce point, il est impossible de tracer des règles absolues. La solution variera nécessairement avec chaque espèce : pas de difficultés lorsque des usages constants auront été méconnus, lorsque, à défaut d'usage, les parties seront convenues implicitement ou expressément de ne pouvoir se dégager unilatéralement qu'en observant certains délais ou certaines autres conditions. Pas de difficultés non plus, lorsqu'on relèvera chez le contractant qui arrête le cours de la convention une intention de nuire à son cocontractant. Mais, lorsque rien de pareil ne se présentera, il faudra examiner de près les circonstances.

« En résumé, j'estime, d'une part, qu'une condamnation à des dommages et intérêts ne peut intervenir qu'autant qu'une faute particulière est constatée et, d'autre part, que la décision du juge du fait relativement à l'existence de cette faute, demeure soumise à votre contrôle. Tels sont les principes généraux qui me paraissent devoir être appliqués dans le présent procès et dans les autres espèces sur lesquelles la Cour est appelée aujourd'hui à se prononcer. »

Et la Cour de cassation, conformément à ces conclusions, après en avoir délibéré en la chambre du Conseil, a rendu l'arrêt que voici :

LA COUR,

Sur le moyen unique du pourvoi : — Vu les articles 1780 du Code civil et premier de la loi du 27 décembre 1890 ; — attendu que le louage de services fait sans détermination de durée peut toujours cesser par la volonté d'une des parties contractantes, mais que cette résiliation peut donner lieu à des dommages et intérêts lorsque la partie qui en est l'auteur a fait de son droit un usage *abusif* et *préjudiciable* : que le juge du fond doit relever les circonstances desquelles il fait résulter, soit l'existence, soit l'inexistence de cette *faute*, pour que la Cour de cassation puisse exercer son contrôle. — Attendu que l'ouvrier Maître n'invoquait à l'appui de sa demande en dommages et intérêts aucune convention expresse ou tacite qui obligerait son patron Dehaître à lui en payer, au cas de brusque rupture du contrat de louage qui les liait l'un à l'autre sans détermination de durée : qu'il n'a pas non plus articulé aucune circonstance qui puisse faire considérer le patron comme ayant abusé de son droit de résiliation ; que le jugement attaqué a condamné Dehaitre à payer une indemnité, par ce seul motif qu'il avait renvoyé son ouvrier sans délai congé : d'où il suit que le dit jugement a faussement appliqué et par suite violé les articles ci-dessus visés : par ces motifs, casse, etc.

Du 20 mars 1895. Chambre civile : MM. Mazeau, premier président; Raynaud, rapporteur : Rau, avocat général.

La Cour a rendu un second arrêt, le 5 février 1896 (D. p. 96, I. 579) énonçant les mêmes principes et dont voici la rubrique :

« La résiliation du contrat de louage de services à durée indéterminée est susceptible de donner lieu à une demande de dommages et intérêts au profit de celui qui en souffre, lorsqu'elle a lieu par la volonté de l'une seule des parties et qu'elle a été *abusive* et *préjudiciable.* » Chambre civile : MM. Mazeau, premier président, et Falcimaigne, rapporteur.

Voici donc le sens pratique de la loi du 27 décembre 1890 :

En cas de contrat de louage a durée indéterminée, les parties auront, comme précédemment, le droit de se quitter à volonté, en respectant les délais de congé suivant l'usage, et de se quitter sans motifs. En principe, dans ces conditions, les parties ne se doivent aucun dommage.

Néanmoins, et c'est là la modification apportée par la loi de 1890, le juge peut accorder à la victime de la rupture des dommages et intérêts, si elle articule et prouve contre l'auteur de la rupture, *un exercice* **abusif** *de son droit, qui lui a causé un préjudice* **spécial**. Spécial, c'est-à-dire autre que celui causé par toute rupture. Cet exercice abusif constitue l'auteur de la rupture en faute, sur laquelle le tribunal a un pouvoir d'appréciation soumis au contrôle d'ailleurs des Cours d'appel et de la Cour de cassation.

Ce pouvoir du juge, n'est qu'une faculté bien évidemment ; faculté qui lui est concédée par la nouvelle loi et qui lui permettra, le cas échéant, d'adoucir le droit draconien de l'ancienne justice. Il ne devra, d'après nous, et d'après la loi, je le crois, n'en user qu'avec une excessive prudence et dans des cas que la loi paraît lui indiquer.

Voici des exemples des cas que, je le crois, la loi a entendu viser :

... Le maître renvoie son employé, sa domestique, son ouvrier, sans motif, brusquement, et sans congé... le juge allouera à l'employé trois mois, à la domestique huit jours, à l'ouvrier renvoyé à midi la moitié de sa journée : en ce faisant « il est tenu compte des usages ».

... L'agent d'une maison de commerce fonde une succursale dans une ville. Son activité, son intelligence, donnent à cette succursale de la maison mère un développement considérable et inattendu. Il a par exemple, outre un appointement fixe, 2, 3, 4, 5 o/o d'intérêt sur les affaires. Au bout de deux ou trois années, la succursale est en pleine prospérité et l'agent retire de son travail une large rémunération bien méritée. Brusquement, sans autre motif que sa volonté, son patron lui donne congé pour le remplacer par son fils ou son neveu, ou par un autre employé moins appointé... Le juge lui allouera une indemnité en tenant compte « de la nature des services engagés ».

... Un employé a passé trente ans à un poste qu'il peut encore remplir pendant plusieurs années. Le maitre lui donne brusquement congé sans griefs contre lui et le remplace. L'âge de cet employé ne lui permet pas de trouver un emploi similaire, le juge pourra tenir compte « du temps écoulé » et lui allouer des dommages et intérêts.

... « Des retenues ont été opérées sur les appointements, pour la pension de retraite. » En cas de renvoi, le maitre devra les restituer : c'est pour ce cas qu'a été faite la loi.

Mais il ne faut pas l'oublier, qu'un employé, qu'un domestique, qu'un ouvrier soit resté chez vous depuis un an, deux ans, trois ans au plus, vous le renvoyez dans les délais d'usage, sans autre motif que votre volonté, c'est là votre droit, et il ne peut obtenir condamnation contre vous qu'à condition de prouver un préjudice spécial et différent du préjudice général résultant de tout renvoi.

B) Examinons maintenant la seconde opinion interprétative de la loi. Je la formule ainsi : Une indemnité est due par le seul fait de la rupture et la partie qui se délie ne peut échapper à une condamnation qu'en prouvant l'existence de motifs légitimes justifiant la cessation de son engagement.

La Cour de cassation ayant entre les deux interprétations fait son choix souverain et ayant adopté la première, je ne cite cette seconde que pour mémoire, sans en faire ressortir la faiblesse.

III. — Par conséquent, le juge devra examiner si l'auteur de la rupture a abusé de son droit de rupture et, s'il relève un abus, il pourra le cas échéant allouer des dommages et intérêts.

Ainsi donc toute action de dommages et intérêts pour rupture de contrat, même faite avec respect des délais d'usage ou conventionnels, est recevable, ce qui ouvrira singulièrement la carrière judiciaire aux rancunes ; mais combien seront fondées ?

IV. — Si le principe de l'indemnité est admis, le juge tiendra compte des usages, de la nature des services engagés, du temps écoulé, des retenues opérées et des versements effectués en vue d'une pension de retraite, et en général de toutes les circonstances qui peuvent justifier l'existence et déterminer l'étendue du préjudice causé. J'ai donné plus haut des exemples de ces cas. Rien de plus juste si l'auteur de la résiliation est en faute.

V. — Aux termes du droit commun, les parties pouvaient par une convention particulière, se réserver réciproquement la faculté de se dégager de leur contrat sans indemnité.

Les patrons auraient donc, afin d'éviter l'application de la loi nouvelle, au moins afin d'éviter un procès toujours dangereux, toujours onéreux même en cas de triomphe, fait signer à leurs employés à leur entrée en exercice, l'engagement de renoncer en cas de renvoi à toute indemnité, ce serait devenu une clause de style de tout contrat de louage. Aussi le législateur a-t-il complété son œuvre de protection, en édictant que toute renonciation anticipée à l'indemnité éventuelle en cas de renvoi serait nulle.

Les parties pourront bien, si cela leur plaît, décider qu'elles pourront se séparer après un préavis de huit, quinze jours, un mois.

trois mois... mais à quoi cela leur sert-il, puisqu'elles ne peuvent *valablement* ajouter que cette séparation, après ce délai, se fera sans autre indemnité...

Les parties pourront bien de gré à gré et par avance stipuler que l'indemnité sera fixée à tel chiffre, mais cette fixation sera déclarée nulle en vertu de la loi de 1890...

Cassation 20 mars 1895, 9 juin 1896, et tout récemment un jugement du Tribunal de commerce de Lyon, du 6 mai 1897.

Les patrons pourront bien avoir un règlement d'atelier affiché, connu, accepté en fait ou par la signature de l'employé ou ouvrier, dans lequel il sera stipulé que les parties, employeur et employés, pourront se séparer aprés un congé de durée indiquée ou sans préavis, et ce sans dommages et intérêts de part ni d'autre, mais ce règlement n'a aucune valeur légale, « les parties ne pouvant à l'avance renoncer au droit éventuel de demander des dommages et intérêts » (loi de 1890), Tribunal civil de la Seine, 5 mai 1891 (Dalloz P. III 87) et Jugement du Tribunal de commerce cité ci-dessus, et que je cite *in extenso,* car il présente d'une façon très nette la jurisprudence précitée de la Cour de cassation.

TRIBUNAL DE COMMERCE DE LYON

Présidence de M. VINDRY, président

Audience du 6 mai 1897

LOUAGE D'OUVRAGE SANS DÉTERMINATION DE DURÉE.— RÉSILIATION.— DURÉE DU DÉLAI-CONGÉ. — SUPPRESSION DU DÉLAI. — CLAUSE LICITE. — DOMMAGES-INTÉRÊTS EN CAS DE RUPTURE. — RENONCIATION ILLICITE.

La rupture d'un contrat de louage d'ouvrage sans détermination de durée soulève deux questions distinctes : l'une relative à la durée du délai-congé, l'autre concernant les dommages-intérêts auxquels peut avoir éventuellement droit celles des parties qui subirait un préjudice.

Sur la première question il est de principe qu'il est licite de fixer pour le cas de résiliation la durée du délai-congé, ou même de supprimer tout délai.

Au contraire, sur la deuxième question, l'art. 1780 C. civil modifié par la loi du 27 décembre 1890, tout en constatant que le louage de services fait sans détermination de durée peut toujours cesser par la volonté d'un des contractants, frappe de nullité toute convention par laquelle les parties renonceraient à l'avance au droit éventuel de demander des dommages-intérêts, ou même toute convention qui les fixerait à forfait.

(MAGNARD — C. — SINEUX.)

Le Tribunal.

Vidant son délibéré ordonné en son audience du 1er avril dernier;

Attendu que, par exploit du 3 mars 1897, Magnard réclame à Sineux et Cie: 1° une somme de 100 francs pour appointements du mois de février; 2° celle de 1.000 francs d'indemnité pour renvoi brusque et intempestif;

Attendu que Sineux et Cie repoussent la demande, se bornant à offrir une somme de 83 fr. 25 pour appointements du 1er au 25 février; qu'ils expliquent que, par conventions du 26 janvier 1897, un délai de quinzaine a été réciproquement déterminé en cas de rupture; que Magnard n'a subi aucun préjudice puisqu'au lieu de faire sa quinzaine, il a préféré quitter immédiatement son poste;

Attendu que Magnard conclut tout d'abord à la nullité de la convention du 6 janvier 1897, prétendant qu'elle est antidatée et qu'au surplus elle n'a pas été signée par Sineux et Cie ni faite en double exemplaire;

Attendu sur l'antidate que rien n'établit la fausseté de la date du 6 janvier; qu'au contraire Magnard reconnaît dans ses conclusions qu'il a bien signé à la date indiquée;

Attendu qu'il n'y a pas lieu davantage de s'arrêter au moyen de nullité tiré du défaut de la signature de Sineux et Cie ou de l'absence de deux originaux; qu'il s'agit, en effet. d'une convention commerciale, dispensée par conséquent des formalités prescrites par l'article 1325 du Code civil, pour les contrats synallagmatiques;

Au fond :

Attendu que la rupture d'un contrat de louage d'ouvrage sans détermination de durée, soulève deux questions distinctes : l'une relative à la durée du délai-congé, l'autre concernant les dommages intérêts auxquels peut avoir éventuellement droit celle des parties qui subirait un préjudice;

Attendu, sur la première question, qu'il est de principe en matière de louage d'ouvrage qu'il est licite de fixer, pour le cas de résiliation, la durée du délai congé, où même de supprimer tout délai;

Attendu, au contraire, sur la deuxième question, que la loi du 27 décembre 1890, modifiant l'art. 1780 du Code civil, tout en constatant que le louage de services fait sans détermination de durée, peut toujours cesser par la volonté d'un des contractants, frappe de nullité toute convention par laquelle les parties renonceraient à l'avance au droit éventuel de demander des dommages-intérêts, ou même toute convention qui fixerait forfaitement ces dommages-intérêts;

Attendu, en l'espèce, qu'il est établi par les documents du procès que les parties se sont réservé réciproquement le droit de rompre le contrat de louage d'ouvrage, sous condition d'un préavis de 15 jours. où, en cas de séparation immédiate, du paiement d'une somme de 50 francs, mais que la question des dommages-intérêts pouvant résulter de la rupture du contrat est restée en dehors de cette convention, relative seulement au délai-congé;

Attendu, en fait, que Magnard a été prévenu le 25 février qu'il quitterait son emploi dans 15 jours, soit le 12 mars; qu'au lieu de se conformer à ce congé formulé suivant les conditions de la convention du 6 janvier, il a préféré partir immédiatement renonçant ainsi au délai stipulé; qu'il ne saurait non plus avoir droit à l'indemnité de 50 francs, puisque Sineux et Cie ne lui ont pas imposé un départ immédiat;

Attendu, sur les dommages-intérêts, que Magnard ne justifie d'aucun préjudice; qu'il est au contraire certain qu'en abandonnant brusquement son poste, au lieu de continuer son travail pendant 15 jours, il a agi en dehors des usages et des devoirs de tout employé sérieux;

Que dès lors, sa demande est mal fondée, et que l'offre faite par Sineux et Cie de payer la somme de 82 fr. 25 pour solde d'appointements du 1er au 25 février, est suffisante;

Attendu que les dépens doivent être mis à la charge de Sineux et Cie, qui n'ont pas offert régulièrement la somme dont ils se reconnaissent débiteurs;

Par ces motifs,

Le Tribunal,

Statuant contradictoirement et en dernier ressort;

Dit qu'à charge par Sineux et Cie de réaliser dans la huitaine de la signification du jugement l'offre faite par eux de payer à Magnard la somme de 82 fr. 25, ils sont renvoyés d'instance;

Rejette comme mal fondées toutes autres fins ou conclusions des parties;

Condamne Sineux en tous les dépens.

III

Doit-on critiquer ou approuver cette modification apportée à l'art. 1780 du Code civil par la nouvelle loi ?

Comme toute œuvre humaine, elle a ses partisans et ses adversaires.

Ecoutons l'éloge :

« Les grands employeurs, m'a dit le président du tribunal de commerce d'une très grande ville, ont nécessité cette loi, soit par leur forte organisation, soit par la rigidité et les exigences de leurs règlements. Entre le patron devenu une grande puissance et l'employé, obligé, pour entrer ou pour se maintenir, de signer les yeux fermés des contrats parfois léonins, la loi de 1890 a placé le tribunal qui doit et qui peut, dans la plénitude de son indépendance et de son appréciation rendre justice à tous, en empêchant d'un côté les exigences abusives, tout en protégeant d'un autre côté l'autorité, le respect et la direction du chef responsable.

« Le législateur, en confiant aux tribunaux de commerce la mission d'arbitrer ces questions délicates et importantes leur a manifesté une fois de plus sa confiance dans leur dévouement et leur expérience. »

Voyons la critique :

La voici formulée avec une énergie consciente et voulue par un jugement paru dans le *Moniteur judiciaire de Lyon* le 14 juin 1897 ; s'il plaît aux parties de renoncer à toute indemnité, pourquoi interdire cette convention et la déclarer nulle? Ce jugement d'ailleurs, en déclarant valable la fixation de l'indemnité faite par les parties antérieurement à la rupture, est contraire à la jurisprudence de la Cour de cassation, mais n'est pas, ainsi qu'il le fait remarquer, contraire au texte de la loi, qui ne prohibe que la renonciation à toute indemnité en cas de rupture.

TRIBUNAL DE COMMERCE DE TARBES

Présidence de M. THERON.

Audience du 12 mai 1897.

LOUAGE D'OUVRAGE. — RÉSILIATION. — EMPLOYÉ. — IMDEMNITÉ DE CONGÉDIEMENT. — STIPULATION A L'AVANCE. — VALIDITÉ.

Est licite et doit recevoir exécution, la clause d'un contrat de louage d'ouvrage aux termes de laquelle le patron et l'employé stipulent, qu'en cas de rupture du contrat, l'un et l'autre devront se prévenir une semaine à l'avance et verser de part ou d'autre, au lieu de tout avis et pour toute indemnité, l'équivalent des appointements d'une semaine au moment de la résiliation.

Le Tribunal,

Attendu que la demanderesse a loué ses services à la Compagnie Singer le 8 janvier 1894 ;

Attendu que ce louage eut lieu sans détermination de durée et qu'il fut convenu qu'en cas de rupture du traité, l'une et l'autre des parties devraient se prévenir réciproquement une semaine à l'avance et verser de part ou d'autre au lieu de tout avis et pour toute indemnité l'équivalent des appointements d'une semaine au moment de la résiliation;

Attendu qu'à ce moment, les appointements de la demoiselle Caubit étaient fixés à 17 fr. 50 par semaine;

Attendu que cette dernière a, nonobstant les conditions de son contrat de louage, fait assigner la Compagnie Singer devant le Tribunal séant en paiement : 1° de la somme de 17 fr. 50, pour appointements d'une semaine; 2° et celle de 1,000 francs, à titre de dommages-intérêts, en réparation du préjudice qu'elle dit lui avoir été causé par le brusque congédiement dont elle a été l'objet de la part de la Compagnie Singer;

Mais attendu qu'après convention, il ne saurait être permis ni à l'une ni à l'autre des parties de se soustraire à l'exécution de l'une des clauses auxquelles chacune d'elles a librement consenti; que, dès lors, dans l'espèce, la demanderesse doit subir la loi qu'elle s'est faite elle-même;

Attendu, toutefois, qu'il est vrai que certaines conventions ne peuvent parfois ne pas être sanctionnées par la justice, mais que c'est seulement dans le cas où ces conventions sont contraires à la loi; mais qu'il n'en est pas ainsi dans l'espèce actuelle et qu'en effet, une indemnité a été stipulée dans l'éventualité de la rupture du contrat et qu'il n'était pas illicite d'en fixer à l'avance la quotité; que le Tribunal est donc lié par cette convention qui ne déroge nullement aux termes de la loi du 27 décembre 1890 et qui ne saurait être annulée que si les parties s'étaient engagées à renoncer à toute indemnité au moment où le louage prendrait fin;

Attendu que, par sa décision, le Tribunal entend témoigner de son respect pour la liberté des contrats et pour le principe absolu que les conventions non contraires à l'ordre public font la loi des parties; que dès lors, il ne saurait ni approuver ni appliquer cette théorie qui s'est fait jour au Sénat, lors de la discussion de la loi du 27 décembre 1890, à savoir que, à l'égard des contrats de la nature de celui dont il s'agit, les Tribunaux pourraient substituer leurs appréciations aux conventions formelles des deux parties; qu'il faut d'ailleurs considérer que le contrat intervenu entre la demoiselle Caubit et la Compagnie Singer forme un tout; qu'il est possible que l'indemnité prévue en cas de résiliation lui ait paru minime, mais qu'elle en a néanmoins accepté les conditions, considérant sans doute que les avantages de l'emploi qu'elle obtenait, les gages qui y étaient attachés et l'ensemble des éléments de la convention se faisaient compensation et s'équilibraient;

Attendu qu'il suit de ce qui précède, que la demande formée par la demoiselle Caubit est infondée et doit être rejetée;

Et attendu qu'il n'apparaît point de causes de dommages-intérêts en faveur de la Compagnie Singer et que la partie qui succombe doit être condamnée aux dépens;

Par ces motifs,

Prenant droit des faits et circonstances de la cause, rejette la demande formée par la demoiselle Caubit; l'en déboute et la condamne en tous les dépens de l'instance.

Pour ma part j'estime que cette loi mérite éloge et critique.

Eloge, parce qu'en effet en donnant législativement au juge, *pour certains cas exceptionnels* notamment ceux dont j'ai donné des exemples, le pouvoir d'allouer des dommages et intérêts, elle a suppléé au silence du Code civil et permis ainsi de rendre des jugements qui sont maintenant non seulement équitables mais juridiques aussi.

Critique, parce qu'elle a fait, je le crois, sans nécessité, une atteinte à la liberté des contrats et à la volonté humaine en proscrivant radicalement la possibilité de renoncer par avance à des dommages et intérêts en cas de rupture de contrat de louage, et surtout en déclarant nulle cette renonciation si elle a eu lieu.

Que la loi protège les femmes, les mineurs et les incapables, soit, c'est son devoir, mais protéger par force et à outrance les majeurs, ce n'est pas le rôle de la loi, qui veut être non seulement obéie, mais encore respectée.

Cette loi porte la trace du vice de sa conception et de sa naissance : ses auteurs ont oublié d'en poser les bases et les principes ; faite pour une catégorie spéciale de traité on l'applique à une généralité ; sa promulgation a eu pour but, il faut bien le dire, la protection partiale et voulue de l'employé contre le patron ; elle sent la loi préparée, présentée, soutenue, plutôt par recherche de popularité que par esprit de justice : espérons qu'une sage jurisprudence évitera les dangers qu'elle crée et par exemple, l'incertitude jetée dans les rapports de contrat de louage.

Pour quelques cas où elle s'appliquera justement, que de procès injustes se sont faits, se font et se feront sous son couvert, procès qui n'auraient pas osé, sans elle, aborder l'auditoire de nos tribunaux de commerce.

J. CLOZEL,

Avocat à la Cour d'appel de Lyon

Ancien élève de l'Ecole de commerce de Lyon.

23107 — Lyon, imprimerie du *Salut Public*, rue Molière, 71

www.ingramcontent.com/pod-product-compliance
Ingram Content Group UK Ltd.
Pitfield, Milton Keynes, MK11 3LW, UK
UKHW032038260826
14628UKWH00007B/3033

9 782019 664473